JN408970

이 밤 누가 울고 있는가

이 밤 누가 울고 있는가

최 하 명 제2시집

도서출판 천우

시인의 말

문학을 한다는 것은 어려운 작업이다. 그중에서도 시를 쓴다는 것이 더욱 어렵다. 몇 줄의 시에다 그 의미를 함축성 있게 써야만 한다. 누구에게는 문학을 한다는 것이 남부러운 일이 될 수도 있고, 글재주가 없어 부끄러운 일이 될 수도 있다.

가을이 되면 듣는 소리가 있다. '등화가친' 이라는 말이다. 지금도 그 의미를 새겨보면 참으로 아름다운 말이다. 시대와 환경이 바뀌어 요즘에는 잘 쓰이지는 않지만 얼마나 아름다운 말인가.

어느 선배 시인은 시집을 발간하는 것이 잘 키운 딸을 시집보내는 느낌과 같은 기분이라고 한다. 나 역시도 그런 기분이 든다. 시집가서 얼마나 사랑받고 귀여움을 받을 건지 웃음이 나고 한편으론 힘들지 않을까 하는 걱정도 든다. 나의 시 역시 그렇다. 시인이라고 시 몇 편을 엮어서 시집을 낸다는 것이 우세스럽기도 하다.

이제 나만의 시세계를 제현님들께 잘 보살펴 달라고 머리 숙여 인사드린다.

나의 두 번째 시집이다.

널리 사랑받기를 기원한다.

2019년 1월 11일

최 하 명

제 1 부

철새 한 마리

제 2 부

누가 나를 묻는다

제 3 부

가을을 버립시다

제 4 부

말해주고 싶지 않네

제5부

누가 밤에 우는가

제1부

철새 한 마리

티끌

나는 지구 위에 앉아있다
내가 차지한 자리는
무한한 우주의 어느 한 부분

그 한 귀퉁이쯤에
집에 가서 누워 있어도
산에 올라 서 있어도
길을 걸어가도
살아서 움직이는 한
나는 무한한 우주의 한 부분
점 하나로도 표시할 수 없는
부분을 차지하고
나는 존재한다

내가 죽어 사라질 때
우주엔
지구에서 먼지 하나
티끌 하나
사라지는 영향만큼도 못 미친다

철새 한 마리

해 질 무렵 새 한 마리
잎이진 나뭇가지 위에
홀로 앉아 있다

어디서 날아왔는가
웬일인지 친구도 없이
혼자서 왔다

길을 잘못 들었나
꼬리를 흔들며
숨을 몰아쉬며
사방을 기웃거린다

겨울을 찾아왔는가
봄을 찾아가는가
바람이 방향을 일으켜 줄 듯
나뭇가지를 흔들어도
날아갈 듯 말 듯
망설이고 있다

어디로 갈 것인가
어둠은 다가오고
찬 바람은 부는데
떠날 줄 모르는
지친 새 한 마리
갈 곳을 모른 채 앉아 있다

낙화 1

저 알 수 없는 슬픔
시들어간 자욱이
추억처럼 쓸쓸해라
새로운 씨앗의 생성을
어찌할 수 없어
안으로만 쌓이는
진한 아픔 삭이다
저도 모르게 떨어져 버린 것
바람에 날린 것이 아닐세
스스로 날려버린 세월 같은 것
인고의 세월을 보낸 여인네의
슬픔 같은 한
지는 아픔은 세월에 바치는
순정의 눈물

낙화 2

봄날 꽃잎이 날린다
누가 연약했던 맹세가 산산이 부서지고 있는가
돌아오지 못할 이별을 고하고 있다

마구 찢겨버린 사랑의 고백인가
흩어져 내리는 조각조각들
조금씩 벗겨져 버린 여인의 비밀처럼
누구의 옷자락이 벗겨져 날리고 있다

저 운명을 어찌하여 보고만 있는가
그것은 영혼이 되어 하늘로 올라가지 않고
눈물처럼 땅으로만 내려지는가

무참히 짓밟힌 여인의 체념이
흩뿌린 체취같이
눈물 없이 자국만 남기는 상처가 되어
내 젊은 날의 초상처럼
끝내 돌아올 수 없는
청춘을 묻어내고
봄날 꽃잎이 지고 있다

하늘가에 쓴 이야기

밤이 그리운 손길처럼 다가와
밤하늘을 우러러보면
우리가 그림자처럼 고독하게 떠 있다

바람에 날리지 않는 침묵으로 빤짝거릴 때
누가 우리를 별이라 부른다
사랑하는 사람들의 그리움이 떠 있는 곳에
이별한 자의 눈과 손짓이 머물 때
슬픈 이야기가 쏟아진다

언제고 보아왔던 허공에
누군가의 눈물이 떨어지고
지나간 자욱이 과거로 날릴 때
고독이 별빛처럼 빛난다

두고 온 약속이 미풍에 날려 구름으로 떠돌면
지친 자의 그리움이
이제 막 황혼으로 지려 하고

우리 중 누가 쏘아 올린
또 하나의 외로움이 하늘에 박히고

별빛으로 빛날 때
남은 자는 땅 위에서 그리움으로 고독하다

두지 말고 지워야 할 언어들을
하늘가에 숱하게 쏟아내면
고독은 슬픔으로 떨어져 내린다

언덕 위에서

젊은 시절
여기 묻어둔 언어를 캐고 있다

하늘이 열린 날
우리가 내린 발자국에 바람이 지나면
묻혀있던 전설이 되살아 나오고
지나온 이야기들이 껍질을 벗고 들려온다

태양이 비치기 시작하면
언덕 위에 잉태한 신화가 꿈처럼 피어오르고
사랑이 움터 올랐다

저기 지나간 자취를 뒤돌아보다
고독이 바위가 되어 얹혀있는 언덕
나무는 오랜 기다림 끝에 바람을 맞고

누군가 별빛이 떨어진 자리에
사랑 하다만 그리움을 묻고 뒤돌아선 때
아침이 오면
이별은 나뭇가지에 이슬이 되어 매달리고
햇살에 빤짝이며
떨어질까 애를 태웠다

언덕 위에는
묻어둔 연기가 아직도 살아서 꿈틀거리고
맹세가 열매처럼 열려있는 나무가 서 있고
꿈에서 여태 깨어나지 못하고
그리움에 꼼짝 않는
고독한 바위가 누워있다

언덕 위에서 젊은 날의 꿈을 꾸었다
모든 꿈이 사라진 뒤
허망한 날개를 펴고 언덕 위를 올라본다

사랑도 꿈도 그리움도 사라졌고
높았던 언덕은 낮아지고
고독만 얹혀 있다

이별을 하면서

헤어지기 위하여 여기 서 있지만
먼 훗날에도 오지 못하는 자의 기다림을 위해
이곳에 그리움을 묻는다
시간은 기다리는 자의 편에 서서
긴긴날의 언어를 날리고 있다

끝내 사라지고 말아야 할 언어들이 흩어지면서
남모르게 추억해야 할 형상을 만나고
떠나려는 아쉬움으로 저편 어딘가에 서 있으면
시간은 빠르게 움직이며
뒤에 남는 언어를 쓸어버리고
그리움은 바람으로 불어온다

이별을 위한 기다림이 서성거릴 때
가장 아름다워야 할 미소가 사라지고
이별은 별이 되어 하늘로 뜬다

그리움이 하늘에서 빛날 때처럼
하늘가에서 떨어져 내리는
또 하나의 이별을 경험한다

가장 고독한 자의 절망이
그리움으로 머물 수 없어
별빛으로 떨어져 내린다
이별을 위하여

별빛이 떨어진 자리를 따라
발자국을 옮겨 디디면
이별은 시작된다

바람에게

바람이여 하늘을 나는 바람이여
하늘에서 무엇을 찾고 있는가
이리저리 쏘다니다
방황하는 내 마음이 있거든
함께 찾아다오

하루 종일 구름을 걷어내면
청명한 하늘 태양 하나 떠 있고
마침내 타는 노을도 불어내면
내 마음이 떠 있던가

밤이 되면 별을 쓸어 모아라
별은 바람에 날리어 불리고
바람이 불수록 불꽃처럼 빛난다
내 마음도 거기에 별처럼 빛나고 있는가

바람이여 하늘엔
쓸어버리고 나면 무엇이 있는가
구름과 별과 태양 하늘을 나는 새
그리고 무엇이 있는가
잃어버린 내 마음이 떠 있던가

방황하는 내 마음이 구름처럼 떠 있거든
띄워라 하늘 높이 날려라 새처럼
나도 뜨고 싶다
언젠가 놓쳐버린 꿈은
멀고 먼 하나의 별이 되어 빛나고
새벽이면 이슬이 되어 땅 위로 내린다

하늘엔 놓쳐버린 내 마음이 떠돌고
바람에 날리어 불리 운다

우울한 날의 초상

비가 오는 것처럼 우울한 날
가슴에 떨어지는 빗방울은 받아 둘 곳이 없어
도랑물이 되어 흘러가고
아무도 찾지 않는 이곳에
외로운 바람 한 줄기 스쳐 지나면
멀리 떨어진 그리움 하나
바람에 떠밀려 다가올 때쯤
문득 떨어져 내리는 고독의 이파리 한 장
미수신으로 되돌아온다

이제 마음도 떠나보내야 하리
멀리 아득한 이야기 넘어
미지의 창가로 다가서면
아주 막다른 골목길에서 서성거리는 나의 영혼
음악이 끝나버린 것 같은 오후의 정적 속을
심심한 시간만
텅 빈 공간을 소리 내지 않고 돌아가고
떠나버린 사람 하나가 다가와서 멈춘 것 같은
창가에 서면
길거리에선 어둠이 다가오는 황혼이 보여도
낮게 낮게 흘러가는 우울한 날의 침묵
더 고일 곳이 없어 넘쳐서 흘러내리고

바짝 메말라 버린 가슴을 헤치면
어디선가 빗방울 듣는 소리가 들리고

바다는 멀수록 파도 소리는
하나의 그리움뿐인데
다가서는 것들은
모두 나에게서 떠나야 할 것들

잊어버리자는 슬픔은
두고두고 나를 따라다니다
또 하나 거리의 미아가 된다
잡으려다 놓친 새 한 마리
마치 그리움이 떠나가듯
어둠 속을 날아 공간으로 사라지는데
내 마음도 허무한 곳에 떠 있다
아무도 잡을 수 없는 내 마음
우울한 날에는
언제나 내가 나를 잡지 못하고
놓쳐버린 한 마리 새가 되었다

우물

네 그리움을 긷는다
줄기차게 솟아오르는 꿈
깊이 깊이 감추었던 욕망의 분출을 퍼 올린다

풍-덩 두레박을 내리면
그리움이 떠오르고
꿈은 출렁대며 욕망이 꿈틀거리는
너의 깊은 곳 속삭임이 들려 나온다

한 가닥 희망 두레박은
어느 먼 곳의 그리움을 퍼 올리고 있는가
욕망이 철철 흘러넘친다
날마다 솟아오르는 꿈을 길어내어 붓는다

퍼내어도
끝없이 고이는 너의 욕망
땅속 깊이 숨겨있는 너의 꿈을 퍼 올려
그리움으로 쏟아내면
부서지는 꿈이 투명하다
네 꿈은 아직 채색되지 않은 투명한 빛깔

매일 퍼 담아 머리에 이고 가면
그리움으로 넘실대는 모습이 파도를 닮는다
언젠가 너는 광활한 바다로 가야 하리

바다가 먼 그리움으로 다가서는 날
네 욕망은 더 없이 꿈틀거리며
용솟음친다

그곳에 가서 꿈을 채색하고 큰 춤을 추리라

우리의 밤

우리의 밤을 이야기하자
밤은 검은 너울을 쓰고 다가와 있다
모두 떠나 버린 바닷가
남겨진 추억만 씻기는 밤 바닷가
밤은 그러한 밤이 아니라도 좋다

우리가 별을 좇아 헤매던 여름밤
꿈처럼 피어오르는 모깃불의 형상이
오랜 이야기로 떠오르는 밤
그러한 밤을 이야기하자

사랑이란 말을 꺼내기에는
너무 벅찬 우리의 밤
흘러가는 은하수에 우리가 접은 배를 띄워놓고
말없이 바라보던 밤하늘
밤은 길게 늘어뜨린 레이스 자락처럼 날리며
우리를 휘감았다

밤은 누구에게도 아름다운 것
밤의 촉감은 벨벳보다 깃털보다 부드럽다
가만히 앉아 있어도

안개처럼 고요히 물결처럼 잔잔히
사랑을 속삭여 주기도 한다

사랑을 이야기할 때에는 밤에 하라
그때에는 사랑이라는 말을 꺼내지 않아도
밤은 우리를 스스로 사랑하게 만든다

밤바다는 출렁이는 파도 소리가 없다
바다 새 소리가 없던 태초의 밤바다 같은 적막
달빛은 고요하고 별빛은 풀잎 위에서 숨죽인다
모든 것이 사랑을 속삭이는 밤
사랑은 어디로 둥실둥실 떠가고 있는가
둘만이 헤엄쳐 건너던 밤바다 이야기를 하자
우리가 아주 외로울 땐 사랑의 배 한 척이 떠서
시간처럼 고요히 흘러가고 있다
우리의 밤

비를 맞으며

비 오는 날
도시 속에서 비를 맞으면
나 혼자만 꺼져가는 느낌으로
빌딩 밑으로 점점 처져가는 몰골이
끝내 비루먹은 꼴이 되어
젖어 들지 않는 도시 속으로 몸을 숨긴다

밖의 비 내리는 일을 생각하면
비는 더욱 분노해서 도시를 내리누르고
빗소리는 내 가슴을 치며 달려들어
더욱 숨어들게 만든다

비가 땅 위를 내려칠 때마다 비에 쫓긴 내가
자신 속으로 스며들려고 안간힘을 쓰며 웅크린다
비는 왜 피해야 하는가
나는 살아있는 온갖 생명체의 하나
모든 생명체의 본질이 물이라면
동질성인 비를 맞아야 한다

쏟아지는 빗줄기에 나를 적셔본다
비가 땅을 때리는 불협화음의 소리가
다시 내 가슴을 치며 달려들고

젖어 들지 않는 도시 속에서 나를 몰아내려는
고함소리같이 들려온다

그 소리를 듣고 멈추어 서면
비는 젖어 들지 않는 도시를
위에서 알 수 없는 무게로 내려찍으며
나를 떠내려 보내려 한다
섬이 되어 바위가 되어
강으로 보내려 후리고 있다
나는 어느 것도 될 수 없음을 알고
도시 속에서 가라앉아 버린다

빗속에 잠긴 내가 동화되지 못하고
이물질이 되어버린다
너겁이 되어 떠밀린다
빗속의 나를 구해다오
살아있는 생명체라면 떠내려갈 수 없게 해다오
생명체는 비를 맞으면
더욱 선명하게 살아나지만
썩어서 물이 되려는가
마음만 빗속을 흘러 떠내려간다

비에 쫓기는 내가 도시를 두고 탈출하기 위하여
빗속을 나는 한 마리 새가 되어 날아간다
하늘에서 하나의 점으로 사라지기 위하여
빗속을 뚫고 떠나간다
청명한 하늘을 날던 새는 지금 어디서
비를 피하고 있는지를 궁금해하며

별

별이 울고 있다
누가 슬픔에 젖게 했는가

여기저기서 눈물 흘린다
무엇이 별을 울게 하는가

밤하늘 가득히 쏟아 놓은
별의 눈물방울

밤에는 닦을 수 없어라
밤에는 지울 수 없는 별의 눈물

보아라 저 별이 울고 있지 않은가
저 별이 흐느끼고 있지 않은가

날이 샐 때까지 울고 있다
우리가 저 별의 눈물을 닦아야 한다

하지만 닦을 수 없는 별의 눈물
그냥 두고 바라만 보는 별의 흐느낌

마음

그대로 놓아두십시오
바람이 불면 갈대처럼 흔들립니다
담아 둘 수가 없을 때는
낙엽처럼 구를 수도
시냇물 따라 구름 따라 흘러가고
상처가 생기네요
아물 수 있는 상처 아물 수 없는 상처
나을 수 있는 상처 나을 수 없는 상처
씻을 수 있는 상처 씻을 수 없는 상처
병이 생기네요
외로움도 압니다 슬픔도 압니다
기쁨도 압니다 절망도 압니다
별을 보면 별빛을 좇아다닙니다
방황할 때에는 바람결에 흔들리는 것을 잡아야 합니다
사람과 사람이 주고받을 때
사람과 신이 주고받을 때
사랑과 믿음과 우정과 신뢰가 싹틉니다
주기도 하지만 받기도 하고
지친 육체가 머물 수 있는 곳
욕망이 가득 채워지는 빈 그릇
사람들은 그것을 비울 수 있다고 하지만
속을 알 수 없습니다

속을 들여다볼 수 없습니다
비밀이 가득한 곳입니다
굳기도 하고 쉽게 변하기도 합니다
서로 믿을 수 있다고도
서로 믿을 수 없다고도 합니다
자기 멋대로 할 수 있다는 군요
마음입니다

갈대의 말

스스슥 갈대밭
바람이 지나면
갈대는 아니라고 하네
묻지도 않은 대답을 하며
한사코 아니라고 흔드네

하루종일 무엇을 기다렸나
긴 목 반짝이는 흰 손을 빼 들고
하늘을 쳐다보다가
지평선을 둘러보다가
산마루 어디선가 아무도 몰래 내려온
갈바람에 몸을 맡기며
그것이 아니라고 하네

가을이 깊어 시름에 잠겼나
이제 떠나가야 할 때를 아는가 보네
한사코 작별을 하며
그것이 아니었다고
봄 여름은 아름다운 계절이었다고
추억을 흔들며
갈바람에 작별을 하네

떠나가는 것 작별 이별
사랑 추억 삶 인생
어느 것도 그것이 아니었다고
정말 아니었다고
몸을 흔드네

그것은 나도 알지 못하는
갈대만의 말
나는 아무 말도 묻지 않고
갈대밭에 서 있었네

남해 금산 해돋이

우리가 여기 올라 서 있으니
하늘이 내려앉았다
구름은 발밑에서 맴돌아 가고
해 덩어리가 솟아올라
세상을 광명하게 하나니
내 가슴속 불덩어리보다
더 붉은 더 뜨거운 해 덩어리는
바다 멀리 구름 지층을 뚫고
솟아오른다

아침이 밝아오듯
희망이 솟아오르고
내 여기 한 시선으로
그 뜻을 모아
온천지에 전하노니
잠시 멈추어 있으라
붉은 해 덩어리여
안개가 걷히고 구름이 걷히고
지상은 점점 밝아
우리의 시야가 넓어지고
새들도 잠에서 깨어 어디로 날아간다

이 세상천지
광명은 그곳에서 시작되느니
더 붉게 타올라라
더 힘있게 솟아올라라
모든 생명은 너를 보고 깨어나
움직이니
온 세상 남김없이 그 빛을 들게 하라
둥둥 두둥둥 바다 위로
구름 위로 솟아올라라

귀뚜라미

달 밝은 밤
돌쩌귀에서 우는 귀뚜라미
밤은 깊어 가는데
어쩌다 울기만 하는가

이별의 슬픔인가
어미를 잃었는가
새끼를 두고 떠나 왔는가
먼 고향 두고 온 산하가 그리운가
이 밤 잠들지 못한
누구의 시름 쌓인 슬픔을
대신 울어 주고 있는가

어느 것인지
서러움의 골은 밤 따라 깊어 가는데
또르르 또르르
어두운 틈새를 굴러 나와
마당가에서 흩어지는 그 소리에
밤이 기울고
달이 기울고
계절이 기울고
한 해가 기운다

가랑잎

겨울밤
누가 걸어오는 발자국 소리에
웬 손님일까
방문을 열고 뜨락에 나섰더니
어디서 찾아왔을까
가랑잎이 굴러와 갈 길을 묻고 있다

이제 날이 저물고 추워졌으니
우리 집 어디에라도
머물러 쉬다가
바람이 불어오면
바람 따라 떠나라고 일러주었다

절망입니다

아직 그리움에서 깨어나지 못해
상심한 마음을 공허의 벼랑에 떨어트리고
무너진 자의 의식을 흔들면
우리에게 남아 있는 것은 절망입니다

지금 들을 수 없는 숱한 별의 이야기가
지어내는 그리움이 하늘에 떠서 빛날 때
만나지 못할 이별을 한순간
우리가 바라보는 것은 절망입니다

땅 위에서 하늘에서 우리의 가슴에서
고독이 그칠 줄 모르고 불어오는 밤의 시각에
누군가 우리를 위해 시를 쓸 때
우리가 읽고 있는 시는 절망입니다

가슴 가득 쌓인 서러움의 아픔을
고독의 바다에 내던지고 끝없이 물결쳐오는
슬픔에 잠겨 홀로 침몰하고 있을 때
우리가 가라앉힌 슬픔은 절망입니다

모두 어디론가 떠나가야 할 시간
기다림이 밤바다에 떠 흘러갈 등댓불을 찾고
고독이 멈출 줄 모르고 표류하면
우리가 쌓아둔 긴 시간은 절망입니다

제 2 부

누가 나를 묻는다

몸뚱아리

오래 잘 먹여진
내 몸뚱아리는
장아찌

흰자질과 기름기
비타민과 무기질이 풍부한
먹을거리

비에 씻기우고
햇볕에 쪼이고
바람에 말리우고
어둠 속에 저리고
공기 속에 담겨
나는 삭는다

잘 곰삭았을 때
누가 먹어 치울까

땅이 널름 집어삼킨다
나는 소화되어
뼈 한 조각 남지 않으리라

여행길에서

우리들의 자취
살아있던 흔적을 남기지 말자
떠날 때 모든 것을 지워 버리듯
모든 흔적은 지워 버리고 가자

흔적이 남아 과거로 가면
우리가 남긴 자취
누군가 우리의 뒷모습을
보는 눈은 쓸쓸하고 서글프다
지워지지 않고 남긴 과거는
허무한 인생의 발자취
그 자국 위에 누가 또 발자취를 딛는다
허무한 부딪침

세상의 수많은 흔적은
세월 따라 지워 지지만
우리가 남긴 흔적은
가끔 시간을 헤집고 솟아 나와
남기고 간 쓸쓸한 인생을 이야기한다
그때 우리의 모습은 처량하고 슬프다

허무한 자취
흔적은 지우고 가자
새가 울음소리의 흔적을 남기지 않고
날아가듯
우리가 놓여있던 흔적은 지우고 가자
그것이
아쉬운 자취 일지라도

가을입니다

가을이 옵니다
떠나가는 것 앞에 우리가 있습니다
서로 작별을 해야 할 때
갈대처럼 나무처럼 마른 풀잎처럼
갈바람이 불어온다고
아무것에나 손을 흔들지 맙시다

다시 돌아오지 못하는 것들을 위해
손을 흔듭시다

늘상 보아 왔던 것 중
생명이 다해
우리보다 훨씬 먼저
돌아가는 것들을 위해
손을 흔듭시다

이 세상 위해 단 한번 왔다가
사라져가는 것들을 위해
미물일지라도

그들이 남겨 놓은
지난날의 아름다움을 위해
손을 흔듭시다

단지 우리가
살아있다는 것만으로
손을 흔들지 맙시다

언젠가는 우리도
떠나가야 한다는 것을 느낄 때
손을 흔듭시다

모든 생명들이 떠나가야 할 때를 아는
가을이 옵니다

강 1

홀로 외롭게 세월을 지키며 흘렀습니다
같은 세월을 나와는 정반대로
한 치의 움직임도 없이 서 있는
산자락을 휘감고 굽이치며
산 사이의 틈새를 헤집고
들판을 가로질러 지났지만
막힘이 없었습니다

누가 나를 막습니까
내 길은 항상 도도히
유유히 흐를 수 있도록 트여있고
가끔 정해진 길 밖으로 넘쳐나
땅도 사람도 놀라게 했지만
나는 영원히 아름다운 존재이고
사람들은 나와 친해지기를 원했습니다
숱한 사람들이 나에게로 와서
나와 만났습니다
내가 좋은 탓이기도 합니다
내가 지나온 땅은 나로 하여금
언제나 기름지고 풍성하게 했습니다

나는 언제나 흘러야 합니다
시간이 멈출 때까지 흘러야 합니다
수천 년 수억 년을 흘렀지만
언제 끝날지 모르는 이 길은
메마른 사람들의 소원입니다
내가 닿는 곳은 바다
바다는 넓고 흘러간 나의 시간이
그곳에 모여 있지만
시간이 멈출 수 없듯이
역사가 흘러가듯이
나도 끊임없이 바다로
흘러 흘러가야 합니다

쑥국새

쑥국쑥국
봄이 오면 쑥국새
앞동산에서 우는 마을에
우리 어머니는 사셨습니다

밭일할 때도 쑥국쑥국
나무할 때도 쑥국쑥국
빨래할 때도 쑥국쑥국

어머니 가신 뒤에도
해마다 봄이면 찾아와
울고 갑니다

올봄에도 찾아와 울고 있는데
고개 넘어가신 어머니는
여태 소식 없이
돌아오실 줄 모르고
가신 길가에 쑥국새만 울었습니다

쑥국쑥국
어머님 무덤은 어디에도 없는데
무덤 없는 어머니의 원혼이

저리 슬피 울고 있는가
봄이면 찾아와 울고 갑니다

쑥국쑥국
어머닌 아직도 살아 계셔서
두고 간 자식들이 애달픈가
슬픔을 토해 내며 울고 계시고
마흔 고개 넘긴 자식은
해마다 그 소리에
가슴만 메어 옵니다

실종 사고

지구에서 실종사고가 일어났다
모두 실종되고 있었다
거리도 집도 이웃도 차도 길도 실종되고
실종 사고 났다는 소식도
뉴스도 신문도 실종되고
시간마저도 실종되었다
누가 찾아 나서야 한다
찾아 나선 그들도 실종되었다
왜 다들 돌아오지 못할까
원인 규명을 위해 나선 자도 실종되고
실종이란 단어와 말조차 실종되고 말았다
모두 어디로 가버린 것일까
행방이 묘연하다
모든 것이 실종되어서
실종이란 뜻이 없어져 버렸다
실종이란 의미가 지구에서 사라졌다
아무것도 남긴 것 없이
모두 증발해 버렸다

21세기도 미래의 호주머니에서 분실 당했다
과거가 훔쳐 갔을까
시간이 먹어 치웠을까

누군가 훔쳐 간 것이 틀림없다
훔쳐 간 그도 실종되고
남아있는 것은 과거
과거는 이미 지나가 버린 시간
그것은 실종 아닌 사라진 시간
진작 모든 것이 실종되었다면
피비린내의 전쟁도 치열한 경쟁도
더러운 이기심과 불평등도 말썽 많은 빈부격차도
동서냉전과 이데올로기의 싸움도
아우성치는 투쟁도 도덕의 타락도 없을 것이다
그렇다면 모든 것이 실종되어버려라
땅도 물도 돈도 숲도 모두 실종되어라
언어도 문자도 실종되고 말아라

태양계에서 실종사고가 일어났다
지구가 실종되었다
은하계 먼 별
어느 혹성에서 슬쩍 집어간 것이 틀림없다
자식들 실종이란 의미가 사라진
지구를 가져다 무엇에 쓴담
지구엔 예수와 석가모니와 마호메트가
천당에 있을 것인데

그들도 실종되었을까
지옥과 천당과 연옥은 어찌 되었을까
창조주 하나님은 어찌 되었을까
과연 지구는 신에 의해
또다시 위대한 창조를 할 수 있을까
의문을 남긴 채 나도 실종되었다

누가 나를 묻는다

바람이 불어오면서 묻는다
낙엽처럼 날아가는
너는 어디서 왔느냐고
나는 대답하지 못했다
어디서 왔는지 자신을 알 수 없었다
다만
언젠가 이곳에서 사라질 것이라고
생각했다

바람이 지나면서 묻는다
낙엽처럼 떠나가는
너는 어디로 가고 있냐고
나는 대답하지 못했다
어디로 가고 있는지 자신을 알 수 없었다
다만
언젠가 이곳에서 없어질 것이라고 생각했다

황혼

하나의 빛으로 떠오른
미지의 세계가
막 사라지려는 모습으로 그립다
남기고 가는 것은
갈 길이 먼
지친 모습의 철새 한 마리
쉴 자리는 아직 멀리 있는 듯
어디로 날아가고 있는가

이승의 넘다 만 시간은 쌓여 가는데
쉬엄쉬엄 넘어가고 있는 저녁 고갯길
모든 것의 모습이
길게 그림자를 드리운
해넘이

저 끝머리
넘어간 태양을 누가 터트렸는가
퍼져 오르는 붉은 빛깔
하늘 한끝을 물들이고
어둠의 그림자는
번져드는 빛깔을 막으려 다가서며
지친 발걸음들을 빠르게 하고 있구나

오늘 하루
이승에서 떠돌던 모든 상념의 잡동사니
저쪽으로 모아 태우고
재는 땅 위에 뿌리면서
다가서는 어둠
이 세상의 마지막 광명을 잠식하고 있다

황혼은 이승의 넘다 만 추억
과거로 들어가는 길목에서
가장 아름답게 빛나는 황금빛 너울은
아쉬운 듯 미련을 남기고
노을이 되어 사라져 간다
넘어 가리라 넘어가리라
이 세상의 한이 삼키어지고 있다
어둠 속으로

새

새는 날아갔다
어느 날
우리가 창공을 잊고 있는 동안
날개를 펄럭이며
그쪽으로 날아갔다

창공을 향해 너무 멀리 갔다가
길을 잃었나
떠난 새는 돌아오지 않고
누가 새를 보고 던진 돌멩이만
땅 위에 놓여있다
새는 쫓겨서
우리 곁을 떠나갔다
그의 울음소리를 숲에서 들을 수 없다
새가 없는 동안
새의 모양을 만들고
새의 울음소리를 만들고
아침에는 창밖의 새의 형상을 기억한다

새를 잡고 싶어
푸른 하늘에 내 마음의 총을 쏘아 올렸다
총알은 날아가는 새를 빗나가

땅에 떨어져
누군가의 가슴에 박히고

놀란 새는 더욱 멀리 날아갔다
날개를 펄럭이며
저 광활한 창공을 향하여

오 새여 새여
너는 앉을 자리를 잃었지만
창공에선 자유롭구나

강 2

옛적에
강은 살아 있었다
굽이치며 꿈틀거리며
어디론가 가고 있었다
힘 있고 기운차게 땅 위를 기어갔다

언제부터 인가
강은 돌아오지 못했다
돌아오지 못하는 강을 찾아 나서
강이 발견되었을 때
비틀거리며 기어가다 지쳐
실신해 있었다
목이 말라 물을 원했다

그를 살릴 방법이 없는가
그를 막고 있는 거대한 둑
그 둑을 넘어가고 싶어 했다
그것이 강의 목을 조이고
숨통을 막았다

그는 이제 죽었다
자살인지 타살인지

죽은 채 모습을 드러냈고
우리 중 아무도 강이 있다고
말할 수 없었다
강은 흐름을 멈춘 채
숨이 끊어져
죽어서 둥둥 떠 있었다

나 1

해마다 죽었다
날마다 죽는다
시간마다 죽어갔다
일초마다 목숨이 사라진다

그러다 어느 날
시간이 다해
혼자 고독하게 돌아간다

태어날 때도 혼자였듯이

추억

아직 잊지를 못했다
그 시절은 다가와
어느 곁에
고목나무 등걸이 되어 서 있고
밑둥에서 무성히 자란
가지마다 매달려 흔들리는
기억의 편린
잎새처럼 하나하나가 흔들리다
땅 위로 떨어져 내린다
낙엽
추억을 모으는 앨범처럼
떨어진 잎새를 모아
어느 먼 옛날에 읽었던
책장에 끼워 넣고
아무도 몰래 꺼내 본다
책갈피에 덮여
꾹꾹 눌러 두었던 이파리 한 장
변색이 되어 부스러졌지만
이따금 기억 속에 매달려
세월이 흔들고 있다

눈길 위에서

눈 오는 날 길 위에 서 있으면
하늘에서
땅 위의 모든 길을 묻어버리고 있다

걸어온 길과
걸어갈 길을 지워버리고
세상을 흰 눈으로 덮어
나 있는 모든 길 자국을
없애버리려 한다

길이 없어진 땅을 딛고 서 있으면
눈은 하염없이 내려
나마저 묻어버리고 싶어
눈은 쌓인다

나를 묻어버리고
길마저 지우려는 것은
하늘의 무슨 뜻일까
뜻도 모른 채
멈추어선 나를
길과 함께 묻으려 한다

왔던 길을 뒤 돌아보면
떠나온 곳도 갈 곳도 지워져
방황하게 만든다

길이 끝이 없을 때
눈도 끝없는 길을 지운다
살아온 자욱이 눈에 묻혀
흔적조차 사라지는 것 같다
어디를 걸어온 방황이
점차 눈 속에 묻혀 버린다

눈은 길을 묻어 없애고
묻혀버린 길 위에서
나는 멈추어 있고
눈은 내려 쌓인다

그리움

여인이여
보고 싶은 여인이여
우리는 아직 헤어져 있지만
그리움을 묻어 두기에는
너무나 아쉽다
꿈속에 날개를 펴고
나에게 날아오라
한입 가득 꿀을 물고
꽃 내음과 수풀의 진한 향기 묻히고
나비처럼 날아오라

사랑은 오랜 꿈의 이야기
알 수 없이 떠오른다
그리움이 달처럼 떠오른다
잊었던 기억을 되살려보면
아주 아픈 사랑의 이야기
남겨놓은 이야길랑
우리가 걸었던 길 위에
낙엽처럼 꽃잎처럼 떨어뜨리자

아 그것들이 어디로 날아가고 있는가
우리의 이야기가 남김없이 사라졌듯
그리움은 어느 길 끝으로 넘어가는가
넘어가는 길 위에
우리가 떨어뜨린 이야기가
아직도 발자국에 밟힌다

오월을 이야기하며

다시 또 하나의 기억을 갖고 소생한다
늘 푸르렀던 기억
이맘때쯤
오월은 마파람에 날려 왔다
지난 세월보다 더 새로운 모습으로
푸르렀던 기억을 소생시키고
잎사귀 한 잎 줄기 한 가지의
원상회복을 위해 신록은 이야기한다
풋풋한 햇살 아래
윤나는 초록색을 띠고서
불어오는 바람에 그 냄새 가득 실으면
산천은 어느새 물이 든다
가도 가도 끝없이 널려있는 싱그러움은
언제나 새로움
마음껏 신선한 공기를 호흡하고
꿈꾸어 오던 오랜 기다림 끝에
바깥세상으로 몸을 내밀면
탄생 아닌 소생의 희열
대지의 꿈은 잎새로 옮겨붙고
가지마다 활활 불이 붙듯 피어오른다
오월이 가져온 여린 청순함
우리가 가질 수 있는 가장 깨끗한 모습으로

세상은 열려있고
산천마다 번져 드는 녹색 물결은
울창한 수풀을 회상한다
소생본능의 기억을 갖고 솟아난 잎은
다시 울창한 수림으로 변하려고
먼 발돋움을 하고
날마다 날마다 창공을 향해
줄기와 가지를 벌리고 기지개를 켠다
창공은 드넓어 무한히 커나갈 수 있는
그들의 세계
오월은 신록을 이야기한다

그날 밤

그날 밤 도시는 잠들지 못했다
뜨거운 입김을 내 뿜으며
네온사인에 묻혀 마구 뒹굴고 있었다
어둠은 하늘 저쪽 어딘가로
쫓겨서 달아나고
도시는 불길에 휩싸인 채
타들어 가고 있었다
그 속에서
불을 끄려고 나서는 사람 아무도 없고
거리엔 방관자만 쏟아져 나와
건물은 열을 받고 가쁜 숨을 내쉬며
폭삭 무너져 내릴 듯 비틀거리며
도시는 아랑곳없이 뜨거웠다

어둠이 그 도시를 식히려고 애를 썼지만
사람들은 밤을 벗어 던지려고
밤을 없애 버리려는 듯
밤을 퍼마시고 밤을 씹으며 몸부림치고
어둠을 밟아 비벼 짓뭉개 버리고 있었다
짓밟힌 어둠의 시체가
거리 구석구석 골목마다 던져져 있고
밤의 살점을 입맛 다시며

널름거리는 네온사인에
처참히 난도질당해
그날 밤 도시는 잠들지 못한 채
뜬눈으로 밤을 새웠다

돌 1

돌은 숨을 쉬지 못한다
항상 숨이 막혀 질식한 채 굳어져
누군가 지나치면서 건드릴 때
꿈틀거리는 생명의 힘을 토해낸다
깨어날 듯 온 힘으로
내부에서 몸을 비틀지만
몸부림은 외부로 도출되지 못하고
안으로만 사그라지고 지쳐서
침묵만 삼키고
어딘가에 놓여 있다

항상 온 몸뚱이를 옥죄어드는
갑갑함으로 버둥대지만
자기 자신을 틀어쥐는
자신의 큰 힘에 다시 질식당하면
돌의 가장 순수한 모습
질식으로 굳어진 모습을
우리에게 들어낸다

질식에서 벗어나
가장 큰 힘으로 숨을 토해내면
깨어지는 아픔을 경험한다

살아나려고 버둥거릴 때 금이 간다
균열은 돌의 생명 인식
살아있다는 유일한 증거지만
그 금은 아물지 않는 상처가 되어
또 하나의 자신을 쪼개어 낸다

쪼개어지고 또 쪼개어지는 습성을
세월은 강요한다
깨어지지 않는 생명체이었다면
우리처럼 썩어 없어질 것이지만
썩어지지 못하고
땅속에 묻히어 더 쪼개어질 수 없는
흙이 되는 꿈을 꾸고 싶어 한다
질식해 있지 않는 한
쪼개어질 뿐
너무 힘찬 생명력을 가졌기에 깨어진다
어느 날인지 모르지만
깨어지고 깨어져 흙이 되어 가리라

무제

내가 태어나기 전
계절마다 꽃은 피었다 지고
밤이면 하늘에 무수한 별이 떴다

내가 살아있는 지금
계절마다 꽃은 더욱 많이 피고 지고
밤이면 하늘에 무수한 별이 뜨는구나

내가 죽어간 후에도
계절마다 꽃은 더욱 예쁘게 피고 지리라
밤이면 하늘에는 무수한 별도 뜨리라

예쁘게 피었다 지는 꽃이여
인간은 왔다가 어이해 사라지는가
별자리는 밤마다 아름답다

제3부

가을을 버립시다

시냇가에서

마을 앞 시냇가 맑은 시냇물이 흘러
그 물에 벌거숭이 목욕을 하고
동네 아낙네 빨래를 했었다
그럴 즈음 물가엔 물새가 날아와 놀다가 갔었다

지금 그 물가에 목욕하는 아이들 없고
빨래 두드리던 아낙네도 사라졌구나
물새도 어디론가 떠나 돌아오지 않고
아 흘러간 시냇물이여 그 옛날 물 맑던 시냇물이여

어린 시절 우거진 버드나무 사이로
피라미 송사리 붕어새끼 떼 지어 놀더니
지금 물가의 버드나무와 함께 사라지고
물가엔 나도 늙어 내 모습 비춰보며 서 있었네

가을을 버립시다

가을을 버립시다
낙엽이 져서 어디로 떠나가
소식이 없듯
가을을 떠나보냅시다
낙엽이 뒹구는 가을을
지난 세월 잊어버리듯
잊어버립시다
모든 것이 떠나버리는 계절
혼자서 지키기엔 서럽습니다
그럴 때는 가을을 버립시다

나뭇가지에 떨어진 낙엽
갈 길을 잃고 거리를 방황하듯
가을은 갈 길을 잃어버리고
방황하다
그냥 그대로 쓰레기가 되어 버립니다
잎새 푸르른 지난 세월을
기억해주는 사람도 없습니다
지나치며 발길을 돌립니다
떨어져 뒹구는 낙엽을
줍는 사람도
이젠 가을을 버렸습니다

어느 틈엔가
낙엽이 날려
구석진 곳으로 모여들지만
그것은 가을을 버린 것입니다
사람들에게서
나무에게서

겨울밤

삭풍이 핥고 간 산 그림자
그 위에 밤이 엎어져 얼어붙고
산 깊은 골짜기 낙엽 쌓인 계곡에
어둠이 짙게 쌓여
부엉이가 어둠을 들이키고
밤이 무서워 밤새워 우는 밤

산등성이 위로 씽씽 불어대는
바람의 파음이 들려오면
그 소리에 맞추어
무논이 얼고 시냇물이 얼고
죽음의 혼령들이
무덤 속에서
살아나려고 꾸물꾸물 꿈틀거리는
밤공기

돌아가는 마을 어귀쯤에선
가랑잎이 삭풍에 신발 끌며 끌려가는 소리
떠날 것을 재촉하는 바람 소리
윙윙 허공을 가르며
밤을 찢어 놓고 있다

상처 난 밤이
이곳저곳에서 신음소리를 내며
땅 위로 떨어진다
멀리서 개 짖는 소리에
추위가 휘몰아쳐
아무도 문밖을 나가지 않는 밤
누가 마을을 떠나가고 있을까

눈 내리는 밤에

눈 내리는 밤
고향집 초가지붕과 마당에 눈 오는 소리
먼 산골짜기 수풀 위에 눈 내리는 소리
어린 시절 살던 고향의 눈 내리는 소리
함박눈이 펑펑 내리며 쌓이는 소리
눈 내리는 밤에
눈 내리는 밤에
문득 고향집의 어린 시절을 생각한다

화로에 할아버지 장죽 터는 소리
할머니의 이야기책 읽는 소리
군불 속에 묻어둔 고구마와
뒤란 장독대의 고염

이제 눈은 내리지 않는다
그 옛날처럼 눈은 내리지 않는다
모든 것이 지나간 지금
눈은 소리를 내지 않고 내린다
눈이 내리다 멈춘다
눈 내리는 소리가 들리지 않는다
내 기억 속에서

나도 이젠 소리 내지 않고
쌓이는 눈처럼
소록소록 늙어간다

진눈깨비

진눈깨비가 내린다
비와 눈이 범벅이 되어
하늘이 죽을 쑤었다

눈도 아니고
비도 아닌
섞이고 섞어버린 잡탕

하늘에서 내리는 것 중
가장 혼탁스러운 것

그것에 젖는 땅은
여름도 아니고
겨울도 아니고
가을은 더욱 아니고
봄은 더더욱 아니었다

어느 계절인지 모르는 대지여
얼고 있는가
젖고 있는가
풀리고 있는가

다만 무엇인가가
하늘에서 떨어져
차가운 죽이 되고 있었다

사나이

하늘이 나를 본다
언제까지나 내려다본다
내가 태어남으로 하늘이 보였고
살아갈수록 하늘은 내려다본다

나이만 남기고
훌훌 벗어던져
이제 숨길 것이 더 없다
비가 내리면 비에 씻기고
구름이 지나면 잠시 가려지고
해지면 어둠 속에 감추어진다 해도
숨길 것이 없어
다 들어내 놓고 하늘을 본다

빛나는 별과 달과 태양
청대 쪽 같은 하늘
그 하늘 밑에
내 죽어서도
하늘은
훨훨 털고 간 사나이
묻혀있는 나를 내려 다 보리라

돌 2

돌이 운다
어쩌지 못해 돌이 운다
바람이 불 때마다
바람에 스친 생채기에
돌이 울고 있다
하늘에서 떨어지는
비와 눈은 돌을 때린다
움직여라
스스로 움직여 보아라

돌은 자책한다
스스로 움직일 수 없어
부끄러워한다

하늘이 내려다보고
눈을 부라린다
하늘이 무서운 돌
너는 움직이지 말고
정지해 있거라
하늘의 명령이 돌에 떨어졌다

돌은 성난 햇볕이 따갑다
뜨거워 뜨거워서 운다
움직이지 못하고

돌 3

태초에
새처럼 하늘을 날지 못해
하늘에서 떨어지지 못했다
아무도 알 수 없는 곳으로부터 굴러떨어져
굳어버린 양심 덩어리 같은 것

돌의 굳고 굳은 의지
돌을 더럽히지 말자
흙 속에 묻히는 것이 가장 두려워
하고 많은 돌이 물가에 몰려
씻기우고 있다

그의 존재가 땅 위에 드러날 때
가장 단단한 모습으로 하늘을 볼 수 있고
제 자리에서 스스로 움직이지 못한다는 체념을
안으로 쌓아 침묵한다
어느 세월인가
침묵에서 깨어난다는 확신을 갖고
불평하지 않음이여
누가 너를 보고 돌이라 하지 않더라도
굴러다니 수밖에 없는 돌

네가 놓여있는 위치는 언제나 불안하다
꼼짝하지 않는 바위도 아니고
흙에 동화되어 뭉쳐지는 것도 아닌
언제 어디로 옮겨질지 몰라
마구 버려져 뒹구는 존재
던져져 허공을 날 때 가장 힘 있는 모습
부딪칠 때 아픈 소리는
우리의 심금을 울리지 못하고 둔탁하다

던지면 던져지는 대로
아무렇게나 놓이는 형태로
땅의 응어리진 아픔인가
양심을 던지듯이 한을 던지듯이
던져져 맺힌 굳어진 덩어리

깨어지지 않아야 하는 너는
커질 가능성은 없고
작아질 확률만 갖고 깨어질 때가 있다
그것은 너의 새로운 변신
그때 깨어지는 아픔보다
더 큰 힘을 지니고 새로 태어난다

꽃이 되어라

뜨거운 피 엉겨 붙어
가슴속 헤집고 나와
마구 피어나는 꽃이 되어라

그 영혼에 감동되어
지나는 사람의 심금을 울려줄
한 떨기 꽃이 되어라

태양 아래 설레는 마음
푸른빛 머금고
타는 가슴 더욱 뜨겁게
달아오르게 하는 꽃이 되어라

꽃은 피어서 아름다운 것
슬픈 꽃이 되지 말고
바람에 밟히어도
슬프지 않은 꽃이 되어라

오늘 피다만 꽃봉오리
내일은 활짝 피어나
아무에게나 웃음 지어
슬픔을 쫓아버릴 꽃이 되어라

목욕

목욕탕엘 가면
누구든지 제일 먼저 벌거벗은 후에
물에 젖는다
저마다 각자 다른 몸매를 갖고 있어
짐짓 부끄러워할 듯하면서도
가릴 것도 없이 다 들어내 놓고
흘끔흘끔 남을 쳐다보기도 하면서
닦고 닦는다
수없이 닦았지만
더 씻어 낼 것이 있는 듯
모두들 무엇인가를 밀어낸다

한세상을 산다는 것이
이다지도 더러움을 타는 것인지
뜨거운 물에 몸을 불리고
뻘뻘 땀을 흘려가며
매일매일 더러는 주말마다
정성 들여 씻어내고 닦아내고
물만으로 닦이지 않는 더러움
비누를 문질러 씻어낸다
맨몸으로 쏘다니는 것도 아닌데
묻히고 묻히는 세상의 오물
얼마나 더 닦아내야 하는가

꽃을 보며

우리가 꽃을 보는 것은
꽃이 피어 있기 때문이다
꽃이 피어 있지 않으면
꽃을 볼 수 있겠는가
그제야 꽃이 피는 이유를 안다
꽃은 누구에게든
보이기 위해서 피어난다

그렇지 않으면
그렇게 아름다운 모습으로
우리의 눈 속으로 들어와
가슴속에서 피어날 수 있는가
꽃을 보면
마음속으로 달려 들어와 피어나
내가 꽃이 되려고 한다
마음속은 꽃밭이 되어
꽃은 한없이 피어난다

바라보기 위해서
우리가 꽃을 보면
꽃처럼 되기 위해서
꽃은 피어나지만

세상에는 꽃을 보지 않으려는
사람이 있겠는가
꽃은 그래도 피어난다
보아줄 때를 기다리며

꽃이 피므로 꽃을 보고
바라보는 꽃은 그대로 꽃이지만
우리가 볼 수 없는 산 위에서
피는 꽃은 누가 보아 주는가
피는 것이 좋아서 저절로 피어나는가
구름과 태양과 달과 별이
밤의 어둠이
그 꽃을 피워놓고
하늘이 쳐다보고
지나는 바람이 그 향기를 맡는다

그렇다면
꽃은 확실히 보기 위해서 피어있고
보지 않기 위해서 피는 꽃은
세상천지에 없다

시간 죽이기

시간이 슬금슬금 살아나온다
잡아 죽여라
시간의 골짜기에
시간이 굶어 죽은 시체
시간이 자살한 시체
싸우다 죽은 시간
지쳐 실신해 있는 시간
영양실조에 걸린 시간
먹이로 던져진 시간
일감으로 놓여있는 시간
뒤죽박죽이 된 시간
더미더미 쌓여있다

시간을 태워 없애자
시간의 더미 위에서 불을 질러라
시간이 타오른다
시간의 불꽃을 보라
우리의 생명을 먹으려고
널름널름 덤비고 있다
시간이 타서 사라진다
타버린 시간이 재가 된다
시간의 불꽃이 사그라든다

시간을 더 잡아넣어 불을 질러 없애라
시간은 끝없이 생성되는 연료
그냥 두면 쌓인다
태워 없애자

시간이 지천으로 널려있다
땅에 바다에 사막에 산 위에 들판에
집 안팎에 마당에 학교에도 화장실에도
사무실에도 부엌에도 공장에도 상점에도
땅속 깊은 탄광에도 책에도
시간은 쌓여있다
시간을 태우지 않으면
쌓이는 시간 속에 묻혀버린다
고이는 시간 속에 침몰해버린다

시간은 열매다
무르익어 있구나 따서 없애자
시간은 낙엽이다
떨어져 구르고 있구나 쓸어 모아 태워서 없애자
시간은 물이다
고여서 있구나 퍼내어 없애자
시간은 나무다

무럭무럭 자라나는구나 베어서 없애자
시간은 쌀이다
밥이 되었구나 먹어서 없애자
시간은 푸새다
무성하게 우거져 있구나 뽑아서 없애자
시간은 글이다
책이 되어 있구나 공부해서 없애자
시간은 일이다
일이 쌓여있다 일을 해서 없애자
시간은 체육이다
힘이 솟구치는구나 운동해서 없애자
시간은 휴식이다
피로하구나 잠들어 없애자

시간 시간은 쌓인다
없애고 또 없애라
그냥 두면 쌓인다
시간의 골짜기에 파묻힌다
시간을 잊은 자는 오직 죽은 자
산 자여 시간을 헤집고 나와
시간을 없애라
시간은 어디에든 있다

겨울비

겨울이 젖고 있다
하늘 어디선가
알 수 없는 노여움인가
슬픔을 토해내며
한숨짓는 빗물이 내려
겨울은 축축하게 젖어 들고
대지는 숨이 죽어
주눅이 들어 있고
이 추워야 할 겨울
봄도 아닌 때
봄인 양 내리는 비를
맞아야 하는 대지는
아직 겨울잠에서
깨어날 때도 아닌데
추적추적 비를 맞고
어쩌지 못해
꾸무럭꾸무럭 주춤주춤
봄 채비를 하러 일어설 듯하다가
아직 봄이 올 때가 아님을 알고
하염없이 내리는 비만 그치길 기다린다

소원

언제 어느 날
내가 죽을지 모르는 날
사람들이여
가던 길가에서
내 죽음을 보거든
슬퍼 멈추지 말라
가던 길을 계속 가다 보면
당신도 어느 날 내 뒤를 따라오리라
어느 날 올지 모르는
그날을 위해 말하여두자

내 죽거들랑
은하수가 지나는 길목
우리가 살아서 쳐다보던
밤하늘에 묻어다오
죽어서 별이 되어 뜨련다
밤이 되면 내가 살던 세상 위에 떠서
살다간 세상을 내려다보고
못다 산 서러운 삶을 이야기하리

어느 날인지 내 죽거들랑
그날 땅에 묻지 말고

우리가 살아서 쳐다보던 밤하늘
은하수가 지나는 길목에 묻어다오
죽어서 별이 되어 뜨련다
밤이 되면 내가 살던 세상 위에 떠서
살다간 세상을 내려다보고
눈물 마르지 않는 삶을 이야기하리

새 2

새는 날아갈 때 모든 것을 버린다
달랑 몸 하나만 갖고
드넓은 하늘가로 솟아오른다
훨훨 이쪽저쪽을 방황하다
멀리 어둠이 져오는 자리에
숲이 그림자처럼 서 있으면
하늘을 날던 새는
나뭇가지 하나가 그립다
숲은 새를 위해 기다리고
새가 깃을 내린 나무는
평화도 함께 깃을 내린다

새의 날개짓에는
언제나 솟아올라
떠나고 싶어 하는 자유가 있다
그 자유를
먼지를 털어 버리듯
바람에 훨훨 털어내며
우리가 떠도는 세상 위를
자신만의 모습으로 날아오른다
마치 이 세상 누군가의 영혼이
떠나가는 듯한 모습으로

새가 내려다보는 세상
우리가 살아가는 모습을
언제나 영혼의 소리로 지저귀지만
그의 소리는 울음인가 노래인가
알 수 없다
그것이 하나의 소리라는 것 이외는

언젠가 잃어버린 둥지를 다시 만들고 싶어
땅 위에 내려앉아 기웃거리며
이것저것 자유란 자유는 다 쪼아 보지만
미련을 두지 않는 새
방황을 위해 날아오를 때
바람에도 지워지는
가벼운 흔적을 남기고
이 세상 어딘가로 탈출하듯
날아가 버린다
두고 온 산천이 그리운 미련은
하늘가에 떨어뜨리고
또 다른 곳에 날개깃을 접는다

장마

표정 흐린 하늘
제 무게를 못 이겨 쏟아지는 빗줄기
무슨 의미일까
아무 잘못도 없을 땅을 마구 두드리고
난폭하게 쪼아대고 있다
표정 하나 바꾸지 않고 꿈적 않던 땅도
이내 물을 더 들이킬 수 없어
흙탕물을 토악질 해내며
참을 수 없는 물고문에 요동치고 있다

숨 돌릴 사이 없이 퍼붓는 물줄기
땅이 맛있는 고깃덩이인가
저미고 저며 한입에 삼켜 버리려고
더 높은 곳을 향해 사정없이 올라서서
삼킬 대로 삼킨 물은
제 세상인 양
아무 곳이나 휩쓸고 들어가
땅의 거죽 대기를 덮어버리고
뿌리 없고 무게 없는 것들은 부평초 신세
물은 지랄병을 부리고 있다
이곳저곳 상처 난 땅은
할퀴었는지 후벼 파낸 것인지

거죽 대기는 찢기우고 도려지고 무너지고
아수라장이 되어 있다
몇 날을 두고 의기양양해
승전고를 울리며 춤을 추던 물은
물러갈 땐 슬슬 꽁무니를 빼며
눈치 보는 힘없는 패자였다
땅은 쑥대밭이 되었지만
거기엔 새로운 살이 돋고
풀이 나고 상처는 치유된다

그리운 사람아

그리운 사람아
나는 멀리 있네
떨어진 이별
추억 속에 담아 놓고
긴 세월 지나갔네
한번도 보지 못한 날들의
그리움을
담아내는 소쿠리
한 아름도 더 되어
껴안아 내려놓으면
빈 하늘가로 그리움 한 다발 피어오르네

그리운 사람아
손짓하지 말게
흔드는 손길의 그리운 추억이
막 사라지는 노을처럼
안타깝다네
한번은 뒤돌아보아도 좋을
헤어져 가는 길가에
아직도 피어나는
추억의 꽃송이 따다 보면
빈 하늘가로 그리움 송이송이 피어오르네

가뭄

지금 목이 탄다
누구네 집 샘물이 말라버렸는가
한 방울의 물이 생명을 놀려 댄다
철철철 흘러넘쳐야 할 생명수는 지금 없다
끝없이 타들어 가는 벌판 위로
햇볕조차 타들어가 불을 당긴다
목마름의 갈증을 해결해줄 단비는
어디로 도망가 행방불명되고
끝없이 내리쬐는 태양 볕에
말라비틀어져
목구멍 적셔 넣을 축축한 물기마저 없다
모든 것이 바짝 타들어 가야
풀릴 직성이라면
아예 땅마저 녹여내라
물은 땅에서 솟아나는가
하늘에서 내리는 것인가
하늘 한번 쳐다보고
땅 한번 내려다보고
어느 것도 지쳐 축 늘어진 가뭄
땅 위의 절망

마을

마을 앞 시냇물이 흘러
흙 덮인 나무다리와
징검다리로 건너다니고
버드나무는 시냇가 뚝에 줄지어 서서
한가로이 바람을 맞고
맑은 시냇물에 빨래하는 아낙네 보이고
물총새는 피라미를 엿보다 어디로 날아가고
골목길 집 지키는 개는 짖지 않아
낯선 사람이 없고
마을 이쪽저쪽에서 한낮 장닭의 울음소리
정적을 깨뜨리고
간혹 마을 뒷산에서 장끼의 울음소리 들려오고
앞동산에서 소의 울음소리 길게 메아리지는 곳
야트막한 산 밑에 초가지붕들이 눌러앉아
감나무 대추나무 가죽나무 녹음이 우거지고
그 사이로 집들이 옹기종이 모여
초라한 몸을 숨기고
자드락 길 한줄기 산 넘어가는 마을
그곳이 고향 동네였다

제4부

말해주고 싶지 않네

나 2

내가 떠나가고 있다
어느 쪽인가
바람이 부는 쪽 그 너머
내가 서 있을 수 있는 곳
누가 나를 밀어도
밀리지 않는 곳
봄 여름이 일찍 찾아왔어도
가을 겨울이 멀리 지나갔어도
바람만 닿고 지나가는 곳에
홀로 서 있고 싶다
그때 아무도 보지 말라
구름도 지나쳐다오
바람도 지나쳐다오
흔들리는 나뭇잎조차 외면해다오
나는 홀로 서 있고 싶다

어둠

어둠은 검어서 좋다
해 저물면 찾아드는 그 속에
저마다 각기 자신을 파묻는다

그것은 얼마 동안의 휴식이 아니라
잠시 사라져
우리의 몰골을 잊는 것

하늘에서 내려다보는
우리의 형상을
수많은 별들의 눈으로부터 지킨다

우리의 형체 어딘가
내어 보이면 안 되는 곳이 있는가
마구 감싸 안는다

가끔은 창 사이로 비치는
달빛마저 피해
어둠 속에 몸을 숨기는 우리

어둠이 찾아들면 벽으로 막힌 방안으로
누군가의 눈을 피해
꼭꼭 숨어들어 숨죽인다

어둠은 우리를 빛으로부터
감추어 놓고
드러내 보이지 않기 위해 있다

어둠이 감싸 안을 때
잠시 자신을 잊고
우리는 어둠 저편 속으로 사라져 버린다

삶과 죽음

우리가 살아 있다는 것은
자신을 알고 있고
흘러간 과거가 있어
추억이 되어 남고
다가올 미래가 있어
기다림이 있고
희망이 불덩이처럼 솟아오르는
청춘이 있고 꿈이 있고
황홀한 사랑이 있고
기쁨을 이야기할
말과 행동이 필요하지만
언제나 죽음이 기다리고 있어
살아있다는 것은
언젠가는 죽어야 한다는 의미
그 뜻에 미행당하며
항상 쫓겨 다니고 있는 삶

우리가 죽는다는 것은
자신을 잊어버리고
다가올 미래가 끊어져
기다림도 없어지고
살아온 과거도 잊혀져

시간이 두절 되고
흔적은 세월 속에 지워져 가고
희망도 꿈도 무덤 속에 묻혀버리고
아름다운 추억도 사랑도 사라지고
기쁨과 슬픔을 이야기할
말과 행동마저 없어져
자연의 망각만이 기다리고
죽는다는 것은
모든 것으로부터의 단절
영원히 사라져 버리는 육신
다시 돌아오지 못하는 절망

마흔 두해에

세월은 나이를 저절로 먹인다
하나둘 먹다 보니 마흔두 해
성큼성큼 큰 걸음으로 다가드는 노년
친구들 머릿발에는
흰머리가 하나둘 내려앉고
웃음 짓는 얼굴 가엔
지나온 자국 주름이 는다
동반자라고 같은 길을 가는 마누라
그것에 덧붙여 자식이 하나둘
인생살이 몇 굽이를 돌아
남는 길이 얼마나 될까
쉬면서 넘겨보아도 보이지 않고
첩첩산중 막막하기만 한데
가다가 보이는 것은 이승을 떠나가는 사람
(저승길은 얼마나 멀까)
이제 어디쯤에서 길이 끝날 것인지
보이지 않는 보이지 않는 앞을 걷다가
오늘은 예서 멈추어 뒤돌아보며 쉬어본다
1992년 8월 13일
시간은 그래도 쉼 없이 흘러만 가누나

마음은 앉아서 쉬는데
몸은 세월 따라 바쁘게 쫓아간다
쫓아가다 뒤돌아보는 나이 마흔두 해
어찌하랴 몸이 저절로 먹는 나이를

여름밤

밤이 어스름 피어난다
어둠의 꽃
어둠이 허공에 깔린다
밤의 열매

갈퀴로 긁어내어
바소쿠리에 가득 담아
초가지붕 위에 널면
앞산 날망에서 달이 뜬다

멍석이 깔린 마당가로 뛰어내린 어둠
달빛에 취해
어디를 싸돌아다니다
늦게야 담 넘어 들어왔는가

마루 밑
제집 아닌 둥게미* 속에 있던 강아지가
뜰로 나와 못마땅한 듯 짖어대다
제풀에 지쳐서 그만두고
익모초 내음 나는 모깃불이
앞마당을 메우고 있는데
부채는 더위보다

달려드는 어둠을 살랑살랑 쫓고
강냉이로 찐득이는 밤을 씹고 있으면
이웃 동네 마실서 어둠을 흠뻑 적시고
콧노래 부르며 돌아온 총각

사립문 살짝 열면
달은 행랑방을 기웃거린다
총각은 문지방에 걸터앉아
댓돌 위에 신발을 벗어놓고
뒤꼍에 등목을 하러 간다

* 둥게미 : 곡식이나 채소 따위를 담는 데 쓰는, 짚으로 둥글고 울이 깊게 결어 만든 그릇.

겨울 초저녁

하얀 눈이 내리는 초저녁
겨울 해거름 짧다
초가지붕 위로 어둠 섞인 눈이 널리고
고샅에 내리는 눈 위엔
마실 간 사람들의 발자국이 하나둘

정지*에서 말하는 소리가
토담 넘어 샛길까지 들려 나오고
살강*에 그릇 부딪는 소리
구정물 붓는 소리
볏단에 물을 뿌리고 추려서
반석 위에 놓고 메로 치는 소리
안방에서 가마니치고 새끼 꼬는 소리

뉘 집 외양간 소여물 푸는 냄새
구시 통에 김이 모락모락 오르고
소는 덕석*을 덮고 새김질로 살이 찐다
고무래로 아궁이의 재를
삼태기에 긁어 담아 뒷간에 모아두고
청솔갱이*로 깊은 방고래에 군불을 지피면

재 넘어 장에 가신 노인네
아직 돌아오지 않았는데
삽짝 문을 삐꺽 삐꺽 때리는 눈발
동구 밖 바랑 짊어진 노인네 하나
눈길을 터덜터덜 걸어오고 있다

* 정지 : 부엌(일정한 시설을 갖추어 놓고 음식을 만들고 설거지를 하는 등…)의 방언(강원, 경상, 전라, 충북).
* 살강 : 그릇 따위를 얹어 놓기 위하여 부엌의 벽 중턱에 드린 선반.
* 덕석 : 추울 때에 소의 등을 덮어 주는 멍석.
* 청솔갱이 : 소나무를 일컫는 말로 예전에 나무로 불을 땔 때 불쏘시개로 사용하던 솔가지잎을 이르는 말이다.

강물과 세월

1.
강물이 흐른다
굽이치며 끊임없이 흘러간다
흘러간 강물은 세월처럼 되돌아오지 못하고
내가 태어나기 전에 흘러갔고
어른이 된 지금에도 변함없이 흘러간다
인생의 추억을 싣고
잃어버린 꿈을 싣고
바다로 바다로 세월처럼 흘러간다

내가 떠나간 뒤에도 강물은 멈추지 않고
누군가의 꿈을 띄우고
인생을 싣고 흘러가리라

2.
세월은 흐른다
소용돌이치며 끊임없이 흘러간다
내가 태어나기 전에도 흘러갔고
어른이 된 지금에도 변함없이 흘러간다

인생의 회상을 싣고
지나버린 청춘을 싣고
과거로 과거로 강물처럼 흘러간다

내가 떠나간 뒤에도 세월이 멈추지 않고
누군가의 꿈을 지우며
인생을 지우며 흘러가리라

해바라기

이제나저제나 누가 오려나
울타리 너머로 목줄을 길게 뽑아 들고
동네 골목길에 지키고 서 있는 해바라기
그렇게 우두커니 지켜 서서
오고 가는 사람이나 맞이하면 좋겠지만

오직 타오르는 태양을 숭배하는 마음
태양을 닮고 싶은 욕망
큰 키 쭉 뻗고 올라
둥글게 모양새 맞추고
노랑 꽃잎 붉게 타오르길 바라
뜨겁게 태양을 마주하다

늦가을 된서리 내리고
한나절 가을 햇볕이 식어버린 날
태양은 그렇게 신기한 것도 아닐 테니
사모하는 마음 접어두며
알알이 들어박힌 사모의 정념

태양을 닮으려는 모양새는
체념인가 포기인가
기다린 세월 지치고 지쳐
묵묵히 말라만 가누나

별똥별

한밤중
별 무리 가운데
별 하나 떨어져 내린다
지상에서 누가 별을 따 내리는가
별이 진자리에 남는 허무와 아쉬움

별이 사라지는 것
별이 지는 것은
꽃잎 지는 것처럼
사랑이 깨어지는 것처럼
쓸쓸해라

그냥 두고 보기엔
너무나 아름다워
누군가 별 하나 땄구나

꽃송이 뚝 떨어지는 것처럼
별 하나
금 그으며 내린다

촛불

별빛도 달빛도 태양도 아닙니다
단지 불꽃입니다
이 밤을 위하여
아직 잠들지 못하는 사람을 위하여
밤을 지키고 있습니다

밤이 타들어 갑니다
불어오지도 않는 미풍에도
흔들거리는 연약한 불꽃이지만
누군가 잠들지 못한 사람이
잠들기를 기다리며
몰아치는 어둠을 밝힙니다

밤에 피는 꽃입니다
어둠 속에서 더욱 빛나는 불꽃
어둠을 먹고 고요히 밤을 태우며
누군가 오기를 기다리는 밤입니다
홀로 밤을 지키며 기다리다
자신을 다 태우면
지쳐 쓰러져 가는 불꽃입니다
사그라지지 말게 하여 주시옵소서
이 밤을 지키는 외로운 불꽃입니다

어둠 속에서 자신을 태운다는 것은
고독입니다
고독을 머금고

다 태워 지쳐 쓰러질 때까지
꺼질 듯 꺼질 듯 꺼지지 않는
여인의 흐느낌처럼 이어져
어둠 속에 번져 드는 한 줄기 희망입니다
그것은 슬픔처럼 가느다랗게
밤바람에 날리지만
밤을 새워 날이 새기를 기다리는
소복한 여인입니다

아이에게

아이야 아침이다
일어나 마당을 쓸자
저 언덕 위
간밤에 쏟아져 내린 별빛 조각처럼
가을에 진 꿈을 쓸어모아
유년의 불을 지피자

뒤란 낙엽 지는 소리에
고개를 들고 내다보니
유년의 꿈은 저 멀리로 달아만 가고
성큼성큼 다가드는 인생 구비길

아이야 지금 떨어지고 있는
낙엽의 요란스러운
꿈의 색깔을 쓸어 모아
가버린 청춘의 식어버린 불길에
던져 넣어 불을 지피자

유년의 꿈은 거기에
추억이 되어 활활 타오르고 있는데

나는 꿈이 떨어진 빈 나뭇가지가 된 채
던져져 있구나

아이야 그것마저 쓸어 넣어
불을 지펴 보려무나

바다 1

바다가 열병을 앓는다
치통을 앓고 있는지
톱날 같은 이빨을 내세우고
뒤척이고 있는 바다
땅끝을 보채고 있다

끓어오르는 열로
펄펄 날뛰어 쌓는 물결
누군가의 손길이
바다를 식히러 다가서면
엄청난 열의 끓어오름에
덮쳐드는 바다

열병나 미치고 발광 난 바다
바다는 펄펄 끓어오르는 열을
훌훌 헤쳐 내며
옷을 벗어부치고 속살을 다 드러낸 채
일어서지 못하고
몸을 뒤척이는 한 여인처럼 누워 있다

저 끓어 쌓는 신열을 어쩌지 못해
끙끙 앓으며 요동치다가

열이 치 뻗치면
바위마저 물어뜯으며 날뛰다가
폭삭 고꾸라지는 바다
멀리서 배가 물길질하며
통통통 바다를 어루만지며
바닷속을 진찰하고 있다

한낮

숲속에 낮잠 잔 바람
나뭇잎 헤집고 부스스 나오다
태양 볕에 데인다

나무 그늘 밑에는
할일없는 바람만
빈둥거리며 떠날 줄 모르고
한낮은 그늘 밑에 가려 낮잠 자며
매미 소리 끊긴 오후

오지도 않는 구름
가지도 않는 구름
굼떠 있고
태양만 정신을 바싹 차리고
온종일 햇볕을 내리쬔다

창문 너머
옹기종기 모여 있는 집들은
뜨거운 대문을 활짝 열어놓고
담장 사이 녹음들이
녹아내릴 듯 흐느적이며
조용히 앉아 잠을 자고

논두렁 밭두렁은 바짝 메말라
이리저리 꼬부라지고 늘어져
땡볕 아래 누워있다

그리움 편지

그대여 편지를 쓰나니
낮에도 쓰고 밤에도 쓰네
부치지 못하는 편지
쓰다가 마무리가 되지 않는 편지
부쳐도 전해지지 못하는 편지
누가 보아도 읽을 수 없는 편지
홀로 고독해 하다가 띄워보는 편지
그대가 돌아간 뒤에 띄우는 편지
지울 수도 사라지지도 않는 편지
써 놓아도 써놓아도 보이지 않는 편지
보고픔을 넣어 부치네
그리움을 넣어 부쳐보네

그대여 편지를 쓰나니
안타까움 그려 띄워 보내는 편지
글씨가 보이지 않는 편지
두고두고 바라다보는 편지
띄워도 띄워도 답장 없는 편지
헤어져 돌아오는 길에도 쓰는 편지
두고두고 썼다가 지우는 편지
생각나 떠오르는 편지
앉아서도 누워서도 쓰는 편지

오늘도 쓰고 내일도 쓰는 편지
그리움을 넣어 띄우네
보고픔을 띄워 보네

바다 2

바다는 떠나지 않고 머물러 있다
떠날 채비를 하고
누군가 오기를 기다리고 있지만
항상 어깨춤을 들썩이며
밀려갈 듯이 밀려들 듯이 허둥대다가
질펀하게 퍼질러 있다

그 속에 담금질하는 물새 떼
머물러 있는 바다의 속뜻을
새는 들여다보고 싶었는지
궁금증을 풀기 위해 자맥질을 해댄다

무엇인가 삼켜 버려야 할 듯
먹지 못해 걸신들린 동물처럼
끝이 보이지 않는 요동을 치며
늘 불만에 차 있는 바다
떠나야 할 시간이 다가와 있지만
떠나지 못하는 안타까움은
노여움으로 변해버리고
거친 숨을 토해내다가
참을 수 없는 신음소리만 질러댄다

아무도 달래지 못하는 저 바다를
조심스럽게 다가서면
광란보다 더 큰 몸서리를 치다
제풀에 상처투성이가 된 바다

기다림에 몸부림치다가
어디론가 바삐 떠나갈 것처럼 보였지만
아직은 떠나지 못하고
제자리서 머물러 있다
해변가에는 기나긴 세월만 붙잡아 놓고

돌 4

돌은 생각한다
왜 거기쯤 놓여 있어야 하는지
그 위치가 문제였는가
건드려 봐도
대답 없이 곰곰이 생각만 한다

바람이 흔들고 비가 깨우고
태양이 간질이고
달과 별이 놀려대도
골똘히 생각만 한다

봄 여름 가을 겨울
긴 계절이 바뀌어도
하늘이 무너져도
땅이 꺼져도 좋다고
묵묵히 생각만 한다

발길에 차이어도
눌려 있어도
땅에 박히어 있어도
열심히 생각만 한다

그것은
모든 잡념 떨쳐버린
돌의 곧디곧은 생각
아우성보다 더 크게 외치는

돌의 굳은 침묵

떨어진 열매를 보며

무턱대고
땅 위로 떨어지는 것은 서러워라
결실을 가져오게 하는 계절이여
그에게 조금 더 참고
때를 기다리게 하는 아량을 베푸소서

성숙의 대가로 인하여
가지로부터 분리된다면
그 또한 영원한 이별

누군가 그를 소중히
거두어들였어야 할 때라면
이미 때를 놓쳐버린
또 하나의 탄생을 위한
시작인가 종말인가

열리면 익어 떨어져야 한다면
우리처럼 세월을 살고 있다는 증거
떨어져 나가는 만큼 성숙해가는
생명체의 본질

꽃이 진 뒤에는 남는 허무보다
더 큰 아픔으로 남는 상처를
인고해야 한다면
떨어져 나간 진한 고통을 앓기보다는
땅 위에 씨를 뿌리는 성스런 작업으로
미래를 향한 노래를 불러라

숲과 바람

바람이 숨는다
수풀 속으로

수풀 헤집어 찾아내는
수풀 이야기
바람만 알아듣는다

바람이 이쪽저쪽 숨바꼭질할 때
숲은 바람 이야기만 듣고
바람 따라 훨훨 날아가고 싶어
날아갈 듯 잎새를
후드득후드득 흔들어 대지만
땅속 깊은 뿌리에 다시 고쳐 앉는다

수풀 그 속엔
알아듣지 못하는 이야기 가득하고
언제 떠날지 모르는
바람만 숨어있다

바람 얼렁대는 숲속엔
바람이 떨구어 낸
수풀 이야기가 가득하고
비밀스런 숲과 바람의 대화
온종일 두런거린다

말해주고 싶지 않네

그때
흘러간 청춘이 아무리 꿈이었다 해도
꽃잎처럼 날려버린
한때의 봄날이었다 해도
말해주고 싶지 않네

사랑했어라
다시금 사랑했어라 마음속 깊이
세월이 흐른 뒤에야
후회라는 것을 알기도 했지만
벌써 스쳐 지나간 꿈이었어라
사랑이었어라

꿈이 지난 뒤에야
말 못한 언어가
침묵으로 사라져 날렸네
마음 죄이던 안타까움으로 날아갔네
만날 수 없는 날들이
그리움으로 사무쳐
오랜 시간 흘러갔을 때
지금에서 말해주고 싶지 않은
사랑이었어라

제5부

누가 밤에 우는가

밤비

한밤 어둠을 뚫고 내리는 비는
사정없이 세찼다
빗줄기에 맞는 것은
아우성치며 요동하고 있었다
누구를 향해 밤비는 내리고 있는가
덮여있는 현재가 씻겨져
도랑물로 흘러내리고
다가서는 미래를 박아두려는 듯
고공 낙하하는 빗줄기
밤을 더욱 어둡게 흑칠을 하고
하나도 남김없이 씻어내려는 밤비의 음모
내리꽂히는 땅 위의 절규가 들려오고
누군가의 고독이 슬픔이 아픔이 무서움이
떠내려가며 씻어지고 있을까
검은 칠흑의 밤비는
사정없이 어둠을 내려 박으며
소리치며 내닫고 있었다
더러운 것들 더러운 것들
보이지 않는 밤에 모두 씻어내라
무서웁게 떨어지는 밤비의 소리는
지붕 위에서 마당에서
소리치고 있었다

풀

풀은 굶어 죽지 않는다
긴 가뭄
작열하는 태양 빛에
말라비틀어질지언정
풀은 굶주려 죽지 않는 법

빛나는 태양 볕 아래
싱싱한 풀잎
초랑 초랑 한 풀
울울 창창 잎새와 줄기를 벌리고
태양을 향해 손짓하누나

싱그러운 풀 내음
싫증 나지 않는 푸르른 색깔
편안함과 안식을 주는 색깔
온통 땅 위를 뒤덮고
조심스레 다가와
살짝 만져보는 바람결에도
간지러워 물결치며 출렁이는 풀

가끔 내리는 비는 풀을 다독이며
녹음 이야기를 들려준다

튼튼한 줄기와 잎새를 갖고
빛나는 태양 빛을 흠뻑 당겨 마셔라
빛나는 햇살을 받아 마시다
계절에 젖어 드는 흥취에 취해

참지 못하고 꽃망울을 틔운다
터지는 꽃망울은 풀만이 해낼 수 있는
부풀어 오르는 용솟음
풀의 젊음과 풀의 청춘
풀에게도 사랑이 있어라

풀의 정열을 머금고 핀 꽃은
이슥고 뚝 떨어질 수 있는
열매를 맺는다
풀은 바람에 출렁대지만
태양 빛에 흔들리지 않는 꿋꿋한 풀
찌들지도
굶어 죽지도 않는 풀
타오르는 정열을 꿈꾸는 풀

별을 보며

해거름에 땅거미 지고
밤이 그림자처럼 다가서면
우리가 슬픈 모습으로 하늘을 우러러보다
하늘가에 찾아든 어둠의 빛깔을 헤쳐내면
수줍게 숨어있는 별

별은 누구의 외로움을 머금고 뜬 영혼인지
눈물 빛을 쏟아내고
여린 가슴 열고
멀리 떨어진 별빛 주워 담다 보면
지금도 다가서는 외로운 그림자 하나
그 시절 못다 한 이야기가 들려 나온다

어디쯤일까
멀리 별빛이 떨어진 자리에
우리의 이야기가 쏟아져 내리면
누군가 고독해 하다가
우리처럼 별빛 가슴속에 주워 담고
밤하늘을 본다
그도 왜 우리처럼 별을 보고 있는가

이제 외로움의 껍질을 벗어
어둠의 공간에 훌훌 씻어내면
별빛에 이는 파문
또 다른 누군가에 닿아
그도 우리처럼 별을 보고 고독해 하고
숱한 별들이 외로움으로 박힌다

별은 밤새 고독을 만들어
지상으로 쓸쓸한 이야기만 떨어뜨리고
어디론가 사라진다
너무 고독해서
새벽녘

죽음의 사신에게

죽음의 사신이여
우리의 머리맡에서 늘 서성거리지 말라
시도 때도 없이 찾아들어 문을 두드렸나니
허락도 없이 찾아드는 무례함도 범했나니

이미 내 젊은 날의 친구와
소년 시절의 친구를 데리고 갔다

숱한 사람들을
세월과 함께 모조리 데려가고
지금 이 시간 어디 메쯤에서
또 데려가고 있다
무엇 때문에 자꾸만 데려가고 있는가

우리가 남아 있으면 안 되는 곳인가
이곳을 떠나면 어디쯤인지
아무도 알지 못하는 곳으로
하나둘 한꺼번에 몇 명씩
데려가고 있는 사신

지칠 줄도 쉴 줄도 잊어버릴 줄도 모르고
인정사정도 없이 마구 데려가는구나

너는 언제쯤에서야
그 짓을 그만두려 하느냐
이 세월이 끝나야 하겠느냐
나보다 먼저 간 사람들은
발버둥 친 사람이 없다
그러했으므로
그날 나는 어디든 기꺼이 따라가겠다

시간의 물결

시간의 물 긷기를 한다
시간은 끊임없이 솟아나는 물
물을 푸듯 시간을 퍼마시고
시간의 찌꺼기 과거를 배설한다
시간이 흘러가듯 물이 흘러가
시간의 무덤
바다를 만들고

시간은 세월을 이루고 흘러가
시간의 바다
과거를 이룬다
시간의 바다에 치는 파도 소리
그 소리 들으며 우리는 늙어간다

밀려와서 다가와 부서지며
철썩이는 시간의 소리
시간은 물결처럼 밀려왔다가
내 몸 가에서 부서진다
시간의 바다
시간의 해변가에 일렁대는 숱한 파도 소리
세월의 날개가 펄럭이며
시간 위를 스친다

스치는 물결 위에 우리가 떠내려간다
시간 위에 생명이 표류하고 있다

붙잡고 매달릴 것도
누군가가 구출해줄 것도 없이
떠내려가고 있다

뒷집

추석 명절 고향집에 가보니
뒷집이 헐렸다
도깨비만 드나드는 빈집인 채
몇 년 방치되더니
속절없이 헐린 것을 어찌하랴

유년의 기억 속에서만
살아서 꿈틀거리는 집
마당가로 들어서면
반갑게 아는 체를 해주던 아주머니
몇 해를 앓다가 돌아가시고
몇 대를 이어 살아오던 집주인은
도시 여인네를 세 번째 아내로 맞이하여
얼마를 살다가 헤어진 후
돌아가시어 마을 앞산에 묻히고
아들들은 도시로 나가
아무도 찾던 사람이 없던 집

그 집 딸이 아버지 어머니 없는 집을 지키며
혼자 몇 해를 살다가 시집을 가
빈집은 옆집에 팔리고
폐가가 되어 밤마다 허망한 꿈만 꾸다가

내 유년의 추억만
마당가에 수북이 떨어뜨린 채
집은 자취 없이 헐리었다

뒷문을 통해 집터를 바라보며
살던 사람들을 생각한다
역사의 흥망성쇠가 저러했거늘
가문의 흥망성쇠야
한낱 봄날의 꿈이 아니겠는가
그 집주인 아들들이 고향을 버리고 떠났듯이
점점 버림받는 고향에서
사라진 집 한 채를 추억하며
몇 새를 지내고
직장으로 돌아왔다

바람 부는 날

바람 부는 날
바람에 날리는 몸과 마음
잡을 길 없는 방향의 기로에서
어느 먼 곳을 맴돌아와
나무처럼 멈추어 서면
바람에 흔들리는 가지만큼
빈 마음만 허공으로 떠서 날고
가라앉을 곳을 찾다
어디메쯤 알 수 없는 곳에
육신이 찢긴 채 걸린다
거기에 매달려 바람이 든다
종잡을 수 없는 바람의 방향처럼
아픈 마음 가시에 매달려
더욱 갈기갈기 찢어진 채 놓인다

바람 부는 날
바람은 나를 쓰러뜨린다
넘어지지 않으려고
기를 쓰며 날리어 가는 곳
바람이 웬종일 불려가 닿는
바람이 끝나는 곳
그곳에 아직 남아있는 흔들림에

어지럼증 섞인 바람을 먹고
바람이 든다

바람 든 속에 하늘을 잡아넣고
텅텅 비어가는 모습
구름에 실려 떠 가다 보면
잡힐 듯 손에 쥐어지는 바람을 놓친다
나는 언제쯤 바람 든 속을 토해 낼 수 있을지

이 가을에

가을을 맞이한 모든 것이여
고개 숙이고 돌아갑시다
지금은 체념할 때
이제 꽃을 피웠다 지는 일은
더 없을 것입니다

한때 꽃이 피었다 지고
그 아픔의 인고와 정성으로
맺어진 열매가
더 추워지기 전
그대의 손길에 거두어지길 기다립니다

스산하게 찬 바람 불어
낙엽 지는 일은
또 때가 다가와
찾아가야 할 곳을 찾아가는 것일 뿐
그들의 조락에
남아있는 것들조차
돌아갈 때를 생각하며
당신의 찬란한 결실에
고개 숙여보는 계절입니다

점점 익어 갈수록 고개 숙이고
떨어져 나가는 것은

훗날을 위하여
기약 없는 작별을 해야 하기 때문이며
정성 어린 손길이
익어 여문 열매를 거두어들일 때
가을은 마침 거기서
끝나는 것입니다

새 3

새는 날아오른다
날아오르다
언제든지 공기 속에 익사하는 새
숲은 떨어지는 새를
주섬주섬 주워 담고 있다

죽어도 무덤을 만들지 못하는 새
하늘 부근에 둥지를 틀어놓고
바람 따라 떠다니다
바람을 먹고
바람 든 빈속에
산과 들을 쪼아 넣는다

꽁지에서 나오는 배설은
밤하늘의 별이 되어 뜬다
온 우주에 띄우고도 남을 별이 되어
별똥별로 떨어지고
부리 속에서 흘러나오는 지저귀는 소리
서편 하늘의 노을이 되어 사라진다

날개는 칼날
공중을 금 그어 놓고 가르며

공기를 베어낸다
땅 위로 쏟아져 내리는 공기

하늘만큼 깊은 수풀 속에 떨어지고
새는 하늘을 날다
공기 구덩이에 빠져 익사한다
숲은 지금도 새를 주섬주섬 주워 담고 있다

누가 밤에 우는가

이 밤 이 하늘 밑
이 세상 위에
누가 울고 있을 거다
흐느끼는 소리 멀리서 들리느냐
밤 소쩍새가 어찌할 줄 모르고

하늘에선 별이 운다
반짝이는 눈물방울
땅으로 내려
슬픈 가슴에 닿고
닫힌 창을 두드린다

어디선지 모르게 흘리는 눈물
무슨 사연이 있는지
누가 울고 있구나
나도 모르고 너도 모르는
누가 이 밤을 울고 있는지
흐느끼는 소리
어둠의 틈새를 비집고 들려 나온다
밤은 누구에게 쉽게 슬퍼지는 때
잠을 못 이룬다
별빛을 안고 쓰러지는 이 밤

바닷가에 서서

바닷가에 서면
파도가 다가온다
점점 가까이 다가든다
저 멀리 수평선을 넘어와
다가올 수 없는 데까지 다가와
나를 끌어들이기 위해 펄쩍 인다
어디론가 황급히 데리고 떠나가야 할 듯
헐떡거리며 가까이 다가선다
나는 땅끝 더 갈 곳이 없어 멈추어 서서
몰아치듯 다가서는 파도를 맞이하고 서 있다

바닷가에 서면
파도가 떠나간다
점점 멀리 멀어져 간다
저 멀리 수평선을 넘어가
작별을 고하고 돌아오지 않는다
자꾸만 내게서 멀어져 간다
나는 한 발짝도 더 나갈 수 없어 서 있는데
함께 떠나자고 급히 물러간다
나는 땅끝 떠나가는 바닷가에 멈추어 서서
출렁출렁 이별하는 파도를 보고 손을 흔든다

밤에는 별을

밤에는 하늘의 별을 낚아 봅시다
별빛에는 고독이 흘러내려 가슴에 부딪치고
누군가 띄워 보낸 그리움이 떠 있고
총각 시절 못다 한 사랑 이야기가 내리고
슬픔에 저린 아픔도 떨어져 내립니다

밤에는 하늘의 별을 따 봅시다
별빛에는 젊으셨던 어머니의 눈물이 있고
아이와 자손들의 꿈이 떠서 빛나고
우리의 지난 이야기가 쏟아져 내리고
청춘이 붙박이별처럼 빛나고 있습니다

밤에는 하늘의 별을 건져 봅시다
별빛에는 생전의 할아버지와 할머니가 계시고
삶이 힘겨우셨던 아버지의 모습도 보이고
조상들의 묘소 위에 별자리가 시끄럽고
다가올 날들이 잡힐 듯 잡히지 않습니다

밤에는 하늘의 별을 주워 봅시다
별빛에는 떠나간 이웃의 슬픔과 웃음이 있고
예전에 살던 고장의 사람들과

가보지 못한 먼 고장의 사람들의 이야기가
시끄럽지만 조용하게 들려옵니다

밤에는 하늘의 별을 잡아 봅시다
별빛에는 우리의 인생이 담겨 있어
살다가 돌아가는 이야기는 하지 맙시다
별은 훨씬 전부터 우리의 인생을 알고 있습니다
조용히 바라만 보다가 잠이 듭시다

살아 있다는 말은

우리가 지금 살아 있다는 말을
꿈같은 이야기를 하고 있지만
죽음은 우리 곁을 떠나지 않고 있다

저 갑자기 이 순간에도
누군가 이곳을 떠나가고 있고
누구인지 새로이 이곳으로 오고 있다
오고 가는 것이 연속되어지고 있는 이곳에서
우리는 잠시 동안 살아있다고
돌아갈 날이 가까워 오고 있음을 알고 있으면서
살아있다는 말을 하고 있다

어느 먼 길을 가고 있으면서
한순간 스쳐 지나가고 있는지 모르는 이곳에서
날마다 떠나가고 있는 고독한 우리
단 한 번 머무는 이곳을
떠나가는 사람을 볼 때
우리가 살아있다는 이야기는
잠시 접어 두었다
훗날 다른 곳에서 만나거든
비로소 살아 있다는 이야기를 하자

어느 곳으로 떠나고 있는지 모르는 이곳은
잠시 쉬었다 가는 곳
잠시 머물러 할 일이 있어서
이웃집 마실 가듯이 들렀다 가는 곳
그냥 앉았다 쉬어나 가세

돌아가는 길

내가 온 것이
내 뜻이 아니었듯이
내가 돌아가는 것도
내 뜻이 아니라면
그 돌아가는 날은 정해있지 아니한다

생명을 가진 모든 것에
동등하게 부여되어
피할 수 없이 가야만 하는
자연의 법칙 앞에
언젠가 나 또한 돌아가리니

이승의 모든 인연을 끊고
산과 강과 바람과 하늘을 두고
아무도 다시 돌아오지 못한 길을 떠나가리니
내 육신의 존재가 이 지구 위에서 사라지고
한 뼘 무덤 속에 남아
차츰 한 줌 흙으로 변해가고
계절이 바뀌는 것도 모른 채
밤하늘에 무수한 별이 뜨고
달이 지나가는 것도 보지 못한 채

새들이 지저귀는 소리마저 듣지 못한 채
내 영혼은 어디를 방황할 것인가

계절 따라
내 무덤가엔 들풀만 무성히 자랐다 마르고
어느 날 우연히 지나던 길손이
내 무덤을 보고서야
내가 왔다가 돌아간 사람임을 알리라

별 2

하늘가 흐르는 강물에
별이 빠져 가라앉았다
첨벙첨벙 돌을 던지듯이
던져 넣은 별

마을 앞 개울물에 씻어내
복조리로 살랑살랑 일어
부뚜막 가마솥에 넣고서
달달 볶다가
밤하늘 한 바가지 푹 퍼 넣고
지글지글 고아서
한밤에만 생각나는
별 요리해 먹고 싶어라

창꽃

어머니 창꽃이 핍니다 창꽃 꺾으러 가요
그 시절에도 창꽃 꺾으러 가 창꽃을 따 먹었지요
가신 뒤로 더욱 지천으로 피어나는 창꽃 무더기
이제 창꽃을 따 먹는 사람은 없습니다
나무하러 가지도 않아
지게 뒤에 한 다발씩 꽂히던 광경도 볼 수 없습니다
겨울이 지난 자리마다 흐드러지던 창꽃은
잎이 나오기 전부터 꽃을 피워내어
봄기운에 성급한 꽃이지만
보릿고개에 피는 꽃이었지요
창꽃은 참 맛이 있었습니다
학교가 파하면 여럿이 산으로 갔지요
창꽃무리 속에 문둥이가 숨어 있다가
창꽃 따먹는 소년을 잡아
간을 빼먹는다는 소문이 떠돌던 시절
무서움을 타면서도
입술에 시퍼런 물이 들도록 따 먹었지요
창꽃을 따먹던 시절은 누구나 가난했던 시절
사람들은 그 시절을 잊고 있지만
이제도 창꽃을 보면 눈물이 납니다
그 시절이 그립고
창꽃 꺾으러 가시던 어머니가 그립고
그 시절을 살던 소박한 사람들이 그립기 때문입니다

문학세계대표작가선 877

이 밤 누가 울고 있는가

최하명 제2시집

인쇄 1판 1쇄 2019년 2월 12일
발행 1판 1쇄 2019년 2월 19일

지 은 이 : 최하명
펴 낸 이 : 김천우
펴 낸 곳 : 도서출판 천우
등 록 : 1992. 2. 15. 제1-1307호
주 소 : 서울시 성동구 무학봉28길 6 금용빌딩 2F
전 화 : 02)2298-7661
팩 스 : 02)2298-7665
http://moonhak.wla.or.kr
E-mail : chunwo@hanmail.net

값 10,000원

ISBN 978-89-7954-756-6

이 도서의 국립중앙도서관 출판예정도서목록(CIP)은 서지정보유통지원시스템 홈페이지(http://seoji.nl.go.kr)와 국가자료공동목록시스템(http://www.nl.go.kr/kolisnet)에서 이용하실 수 있습니다. (CIP제어번호: CIP2019004209)